Naturalisation française

100 questions réponses pour bien préparer son entretien de naturalisation

ANNIE LEPONS

DÉDICACE

Je remercie mes collègues de FLE (Sandrine, Philippe et Nadia)
pour leur relecture bienveillante et leurs apports.

TABLE DES MATIÈRES

1 Introduction

Bonjour a toutes et à tous

Dans ce livre, nous allons aborder les questions les plus fréquemment posées durant l'entretien pour la naturalisation Française.

Je vous donnerai des conseils dans chaque partie et vous proposerai parfois des modèles de réponses.

2 LA Question

La question à laquelle vous ne devriez pas échapper est bien sûr :

1 Pourquoi voulez-vous devenir français(e)?

On conseille souvent sur Internet de citer ici les valeurs de la France et la richesse culturelle française.

C'est possible, mais ce n'est pas suffisant, car cela ne prouve pas votre implication.

Vous devez montrer que vous êtes vraiment devenu(e) français(e), et expliquer qu'aujourd'hui, vous vous sentez plus français(e) que votre nationalité d'origine.

Vous devez expliquer pourquoi vous vous sentez français(e) et montrer qu'il n'existe pas d'autre alternative pour vous.

3 Votre Situation Familiale

2 Etes-vous marié(e) ? Avez-vous un compagnon ou une compagne ?
3 Votre conjoint(e) vit-il / elle avec vous ?
4 Quelles activités faites-vous avec votre conjoint (e)?
5 Votre conjoint (e) va-t-il / elle demander la nationalité française ? Pourquoi
6 Avez-vous des enfants ou comptez-vous en avoir ?
7 Qui s'occupe des enfants ? des tâches ménagères ?

Si vous êtes en couple, rappelez-vous qu'il est préférable que votre conjoint(e) vive avec vous.

En effet, s'il/elle vit dans votre pays d'origine, on pourrait vous reprocher de ne pas "résider" en France, mais d'y être seulement "domicilié(e)" puisque vos liens familiaux seraient alors dans un autre pays.

En outre, il vaut toujours mieux se montrer ouvert.

Ne dites pas :
"J'aide ma femme dans les tâches ménagères" ou "Mon mari m'aide aux tâches ménagères.", mais :
"Nous participons ensemble et à part égale aux tâches ménagères."
.

4 Votre vie professionnelle et sociale

8 Quelle(s) langue(s) parlez-vous au travail ?
9 Faites-vous partie d'une association. Si oui, depuis quand ?
10 Que faites-vous dans cette association ?
11 Où se trouve cette association ?
12 Pratiquez-vous une religion ?
13 Quels sont vos loisirs ?
14 Pourquoi être-vous venu€ en France la première fois ?
15 Pouvez-vous me résumer votre vie en France depuis le début ?

Vous le savez peut-être déjà, on conseille souvent aux gens qui désirent obtenir la nationalité française de participer à une association. Notamment une association qui aide les démunis en distribuant de la nourriture ou des vêtements.

Cela satisfera à la fois le critère de moralité et celui d'assimilation à la communauté française.

De plus, pour des raisons d'intégration, il vaut mieux que vous parliez en français dans votre travail.
Même si ce n'est pas tout le temps le cas, il est préférable que vous mettiez en valeur les tâches pour lesquelles vous utilisez le français.

5 Le français

16 Où avez-vous appris le français ?
17 Utilisez-vous le français dans votre travail ?
18 Pendant combien de temps avez-vous étudié le français ?
19 parlez-vous d'autres langues ? Lesquelles ?
20 Quelle langue vous paraît-elle la plus facile ? Pourquoi ?

Pour obtenir la nationalité française, il faut avoir au minimum le niveau B1.

Mais attention ! La note obtenue au test de langue ne suffit pas.

Pour prouver que vous avez réellement le niveau B1, vous devez être capable de décrire des situations passées, présentes ou futures, et de donner votre point de vue sur une notion, comme la démocratie, ou un fait d'actualité.

Si vous avez des doutes sur votre niveau de français réel, vous pouvez préparer l'entretien avec un professeur de FLE (français langue étrangère) et dire pendant l'entretien que vous êtes en train de prendre des cours pour essayer d'atteindre rapidement le niveau B2.

6 Votre pays d'origine

21. Combien de fois êtes-vous rentée dans votre pays depuis que vous être en France ?

22. Envoyez-vous de l'argent dans votre pays d'origine ? Si oui, à qui ?

23. Qu'est-ce que vous trouvez en France que vous ne pouvez pas avoir dans votre pays d'origine ?

24. Avez-vous encore de la famille dans votre pays d'origine ? Comptez-vous la faire venir en France ?

Il s'agit bien entendu de questions pièges. Plus vous montrerez de liens avec votre pays d'origine, plus on pourra mettre en doute votre attachement à la France.

Il ne faut surtout pas que l'on pense que vous désirez obtenir la nationalité française uniquement pour le passeport et que vous comptez gagner de l'argent en France pour vivre plus confortablement dans votre pays d'origine.

Vous n'avez pas besoin de dire que vous n'avez plus aucun lien avec votre pays d'origine, mais il ne faut pas que ces liens paraissent plus importants que les liens qui vous rattachent à la France.

Ensuite, vous avez toute une série de questions de culture générale sur la France.

Dans ce livre, je répondrai à chaque question en quelques mots, mais n'oubliez pas que vous devez formuler des phrases puisque votre niveau de français est évalué en permanence.

Je vous invite également à partir d'ici à consulter le livret du citoyen fourni par la préfecture.

7 La géographie

25. Quelles sont les 3 plus grands villes françaises ?
Paris, Marseille, Lyon

26 Citez des départements français
Paris, Les Bouches du Rhône, le Rhône, La Haute Garonne etc

27. Pouvez-vous citer des départements d'outre-mer ?
La Guadeloupe, la Martinique, la Réunion, la Guyane et Mayotte

28. Citez des régions françaises
L'Ile de France, l'Auvergne -Rhône Alpes, la Provence-Alpes-Côte d'Azur, l'Occitanie, etc

29. Quels sont les 3 types de collectivités en France ?
La commune, le département et la région

30. Citez des fleuves français
La Loire, le Rhône, la Seine, la Garonne etc

31. Citez des chaînes de montagnes en France.
Les Alpes, les Pyrénées, le Jura, les Vosges et le Massif Central

32. Quel est le point culminant en France ?
Le Mont Blanc avec une altitude de 4809 mètres

33. Quels sont les pays frontaliers ou limitrophes de la France ?

La Belgique, l'Allemagne, la Suisse, l'Italie, l'Espagne, Andorre, Monaco

34. Quelles sont les villes de France que vous avez visitées ?

35. Dans quelle région sommes-nous. ?

Il vaut mieux, bien sûr, que vous ayez visité quelques villes françaises, afin de montrer que vous utilisez vos vacances non pas pour rentrer dans votre pays d'origine mais pour mieux connaître le pays qui va vous adopter.

8 L'histoire

36. Citez des rois et des reines de France
Pour les rois : Charlemagne, François Ier, Henri IV, Louis XIV, etc.
Pour les reines : Aliénor d'Aquitaine, Catherine de Médicis, Anne d'Autriche, Marie-Antoinette, etc.

37. Pourquoi Louis XIV est-il connu ?
Louis XIV est connu pour la durée de son règne qui fut le plus long de l'Histoire de France, et il est aussi le symbole de la monarchie absolue qui a été abandonnée à la Révolution.

38. Qui était le roi pendant la Révolution ?
Louis XVI.

39. A quelles dates précises a eu lieu la Révolution ?
La Révolution a débuté le 5 mai 1789 avec l'ouverture des états généraux et elle s'est terminée le 9 novembre 1799 avec le coup d'État du 18 brumaire de Napoléon Bonaparte.

40. Quand a été adoptée la Déclaration des droits de l'homme et du citoyen ?
Le 26 août 1789.

41. Qui a instauré le code civil en France ?
Napoléon Bonaparte.

42. Quelles sont les dates des 2 guerres mondiales ?

1ère guerre mondiale : du 28 juillet 1914 au 11 novembre 1918.

2nde guerre mondiale : du 1er septembre 1939 au 2 septembre 1945.

43. Qui était Jean Moulin ?

Jean Moulin est considéré comme l'un des principaux héros de la Résistance.

Il a été envoyé en France par Charles de Gaulle pour unifier les mouvements de la Résistance, mais il a été arrêté par la Gestapo, puis torturé, et il est mort dans le train qui le transportait en Allemagne.

44. Qui était Charles de Gaulle ?

Charles de Gaulle était un militaire, résistant et homme politique français.

Il est l'instigateur de la 5e République et a été son premier président de 1959 à 1969.

45. Citez des monuments historiques

La tour Eiffel, le Château de Chambord, le Palais idéal du Facteur Cheval, le pont du Gard, etc.

46. Quelle est la date de la séparation de l'Eglise et de l'Etat ?

Le 9 décembre 1905.

47. Quel événement de l'histoire de France vous a-t-il marqué ?

48. Quelles personnes ont le plus marqué l'histoire de France selon vous ?

49. Que célèbre-t-on le 14 juillet ? le 11 novembre ? le 1er mai ? etc

L'histoire est un domaine très vaste. Vous devez connaître les informations indiquées dans le livret du citoyen, et vous devez également montrer que vous vous intéressez à l'histoire de France.

Il serait donc bon que vous connaissiez d'autres informations et que vous vous documentiez sur quelques événements plus en détail.

En outre, vous devez connaître les célébrations du calendrier telles que le 14 juillet, le 11 novembre, etc.

9 Les questions de culture

50. Citez des personnages français célèbres.
Molière, Victor Hugo, Albert Camus en littérature
Delacroix, Cézanne, Monet en peinture, etc.

51. Citez des naturalisé(e)s français(es) célèbres.
Marie Curie, Joséphine Baker Eugène Ionesco, Gao Xingjian, etc.

52. Citez des artistes français(es)
Géricault en peinture, Berlioz en musique, Eiffel en architecture,
etc.

53. Citez des écrivaines françaises et leurs œuvres les plus célèbres.
"Le Malade imaginaire" de Molière, "Le Mariage de Figaro" de
Beaumarchais, "Notre-Dame de Paris" de Victor Hugo, "L'Étranger"
d'Albert Camus, etc.

54. Qui a écrit « Les trois Mousquetaires »
Alexandre Dumas et Auguste Maquet.

55. Qui était Voltaire ? A quel mouvement se rattache-t-il ?
François-Marie Arouet, dit Voltaire, était un écrivain et philosophe
du XVIIIe siècle.
Il est le représentant le plus connu de la philosophie des Lumières.

56. Citez des philosophes des Lumières.
Montesquieu, Voltaire, Rousseau, Diderot, etc.

57. Citez des sportifs/ sportives français(es)
Michel Platini et Zinédine Zidane au football,
Yannick Noah au tennis, Richard Virenque au cyclisme, etc.

58. Citez un grand évènement sportif français
Le tour de France ou le Tournoi de Roland-Garros.

59. Citez des plats typiquement français
La bouillabaisse, la ratatouille, la choucroute, la quenelle, le gratin dauphinois, la poule au pot, etc.

60. Citez un plat / un symbole de votre ville / de votre région
Là encore, il faut que vous montriez que vous vous intéressez non seulement à la culture et à l'histoire de la France, mais également à celle de votre ville et de votre région.

Par exemple, si vous vivez à Toulouse, vous devez savoir que la violette est la fleur qui symbolise cette ville et que le cassoulet en est l'un des plats les plus connus.

10 La politique française

61. A partir de quel âge l'instruction est-elle obligatoire en France ?

L'instruction est obligatoire pour tous les enfants, français et étrangers, à partir de 3 ans et jusqu'à l'âge de 16 ans révolus.

62. Quelle est la devise/ les valeurs de la République ?

Si l'on vous demande la devise, vous devez répondre : "liberté, égalité, fraternité".

Mais si l'on vous demande les valeurs, vous pouvez ajouter à ces trois notions, la laïcité.

Attention ! On peut vous demander de définir ces termes.

63. La liberté est-elle absolue ?

Non, car "la liberté des uns s'arrête là où commence celle des autres".

64. Qu'est-ce que la laïcité ? Qu'en pensez-vous ?

La laïcité est le principe de séparation de la société civile et de la société religieuse.

Elle permet la liberté de conscience, c'est-à-dire de croire ou de ne pas croire, et l'égalité devant la loi quel que soit son rattachement ou non à une religion.

65. Qu'est-ce que la démocratie ? Qu'en pensez-vous ?

La démocratie est un régime politique dans lequel les citoyens ont le pouvoir.

Elle peut être directe, participative ou représentative.

66. Quels sont les droits et les devoirs du citoyen français ?

Tous les citoyens ont le droit de voter, de circuler, de s'exprimer, de croire ou de ne pas croire en une religion, de créer des associations et de disposer de leur corps.

Ils possèdent aussi le droit de propriété.

En ce qui concerne les devoirs, tous les citoyens doivent respecter la loi, les droits des autres et l'environnement.

Il faut également payer les taxes et les impôts, et rejoindre la défense si la patrie est menacée.

67. Quels sont les symboles de la France ?

Le drapeau tricolore, la Marseillaise, Marianne, le bonnet phrygien, la devise "liberté, égalité, fraternité", etc.

68. Qui est Marianne ?

Marianne est l'incarnation de la République française.

Elle symbolise à la fois la liberté et la démocratie.

Elle porte généralement un bonnet phrygien et on la retrouve aujourd'hui dans toutes les mairies de France.

69. Que signifient les trois couleurs du drapeau français ?

Le bleu, le blanc et le rouge sont liés à l'histoire de France.

Le blanc était la couleur de la royauté.

Le bleu et le rouge était les couleurs du drapeau de Paris, mais, en fait, si l'on remonte plus loin, le bleu était aussi lié à la royauté.

Le costume de sacre de Louis XIV, par exemple, était bleu et blanc.

Quant au rouge, on le retrouve sur l'oriflamme de l'étendard de Charlemagne d'après "La Chanson de Roland".

70. Qu'est ce que l'Hôtel de Ville ?

L'Hôtel de ville désigne généralement la mairie principale des villes importantes.

C'est le siège des institutions municipales.

71. Comment fonctionnent les élections municipales ?

Les élections municipales permettent d'élire les membres du conseil municipal de chaque commune, qui sont appelés les conseillers municipaux, et qui élisent ensuite le maire et ses adjoints.

72. Dans quelle République somme nous ? Depuis quand ?
La Cinquième République, depuis le 4 octobre 1958.

73. Citez des présidents de la 5eme République ?
Charles de Gaulle, Georges Pompidou, Valéry Giscard d'Estaing, François Mitterrand, Jacques Chirac, Nicolas Sarkozy, François Hollande et Emmanuel Macron.

74. Pour combien de temps est élu le président de la République ?
5 ans, depuis 2002. Avant, c'était 7 ans.

75. Quels sont les trois pouvoirs ? Qui les exerce ?
Le pouvoir législatif, confié au Sénat et à l'Assemblée nationale, mais également au peuple français lors de la mise en œuvre du référendum législatif prévu par l'article 11 de la Constitution de 1958.

Le pouvoir exécutif, confié au chef de l'État, c'est-à-dire le président de la République, et au gouvernement, dirigé par le Premier ministre ;

Et enfin, le pouvoir judiciaire, confié aux tribunaux, c'est-à-dire les juges et les magistrats.

76. Quel est le rôle de chaque pouvoir ?
Le pouvoir législatif est chargé de la rédaction et de l'adoption des lois.

Le pouvoir exécutif met en œuvre les lois et conduit la politique nationale.

Le pouvoir judiciaire veille à ce que les lois soient respectées et sanctionne leur non-respect.

77. Quel est l'hymne national de la France ?
La Marseillaise.

78. Qui a écrit la Marseillaise ?
Rouget de Lisle, en 1792.

79. Connaissez-vous le premier couplet ?

Allons, enfants de la Patrie, Le jour de gloire est arrivé !

Contre nous de la tyrannie L'étendard sanglant est levé, L'étendard sanglant est levé, Entendez-vous dans les campagnes mugir ces féroces soldats ?

Ils viennent jusque dans vos bras égorger vos fils, vos compagnes !

Refrain : Aux armes, citoyens, Formez vos bataillons, Marchons, marchons !

Qu'un sang impur, abreuve nos sillons !

Je vous déconseille de faire "Polom ! Popom !" à la fin.

Bien sûr, nous ne pouvons pas voir toutes les questions possibles, mais vous devez avoir une bonne connaissance du système politique français.

11. Le système politique européen

80. Quelle est la monnaie actuelle ?
L'euro.

81. Quelle est la devise de l'Union européenne ?
"Unie dans la diversité"

82. Quelle est l'hymne de l'Union européenne ?
"L'Ode à la joie" de Beethoven.

83. Combien de pays comporte l'Union européenne ?
28 à ce jour.

84. Quel est l'intérêt de faire partie de l'Union européenne ?
La paix, une monnaie forte, la liberté de circulation, le partage des valeurs, etc.

85. Où siège le parlement européen ?
À Strasbourg.

86. Où siège la commission européenne ?
À Bruxelles.

87. A-t-on le droit de porter des signes religieux dans les lieux publics ?

Oui. Toutefois, il est interdit de porter des signes religieux ostentatoires dans les écoles, les collèges et les lycées publics depuis 2004.

88. Qu'est ce que la loi Veil. Qu'en pensez-vous ?

C'est la loi qui encadre le droit à l'avortement, ou interruption volontaire de grossesse, depuis le 17 janvier 1975.

C'est une mesure importante pour la liberté de disposer de son corps.

89. Que pensez-vous de la parité ?

Je pense que les femmes et les hommes sont égaux, et devraient donc avoir les mêmes droits et obligations.

En France, cette égalité est garantie par l'article premier de la Constitution.

Je cite : "La loi favorise l'égal accès des femmes et des hommes aux mandats électoraux et fonctions électives, ainsi qu'aux responsabilités professionnelles et sociales."

Toutefois, on ne peut pas dire qu'on ait atteint la parité dans tous les domaines.

Par exemple, on dit qu'il faudra encore plus de 200 ans avant de parvenir à l'égalité salariale entre les femmes et les hommes.

90. Selon vous, les hommes et les femmes sont-ils égaux en France ?

Comme pour la précédente question, vous pourrez répondre qu'en France, la parité est garantie par l'article premier de la Constitution, mais qu'on ne peut pas dire qu'on ait atteint la parité dans tous les domaines car, par exemple, les femmes gagnent en moyenne moins que les hommes.

13. Les questions d'actualité

91. Quel est le nom de votre maire ?
92. Quel est le nom de l'actuel Président de la Commission européenne ?
93. Quel est le nom de l'actuel Président de la République ?
94. Quel est le nom de l'actuel Premier ministre ?
95. Donnez le nom de quelques ministres actuels.
Il vaut mieux les connaître tous car on peut vous en demander un en particulier.

96. Quel est le nom du Président du Conseil Constitutionnel ?
97. Quel est le nom du président de l'Assemblée Nationale ?
98. Quel est le nom du Président du Sénat ?
99. Quelles seront les prochaines élections ?
100. Que pensez-vous de … ? (+ un fait d'actualité)

L'examinateur/trice pourra vous poser un certain nombre de questions liées à l'actualité.
Vous devez bien entendu connaître le nom du Président de la République, celui du Premier ministre et des ministres, mais on peut également vous demander de nommer le Président du Conseil Constitutionnel, le Président de l'Assemblée Nationale, etc.

Enfin, soyez attentifs/ves à l'actualité !
Car cela montre si vous vous intéressez à l'actualité de la France ou non.

Par exemple, si vous deviez passer votre entretien en fin avril 2019, on pourrait vous demander : "Que pensez-vous de l'incendie de la cathédrale Notre-Dame de Paris ?"

Voilà ! C'est tout pour ce livre.
J'espère qu'il vous sera utile.et n'oubliez pas d'apporter votre commentaire sur Amazon.
À bientôt !

Printed by Amazon Italia Logistica S.r.l.
Torrazza Piemonte (TO), Italy

46537209R10020